Inhalt

Stresstests - was sagen sie wirklich aus?

Kernthesen

Beitrag

Fallbeispiele

Weiterführende Literatur

Impressum

Stresstests - was sagen sie wirklich aus?

G. Dengl

Kernthesen

- Die anhaltende Finanzmarktkrise lässt Rufe nach einer Verbesserung des Risikomanagements laut werden, insbesondere nach Methoden um derart große Krisen vorherzusagen.
- Stresstests sind derzeit die einzige Antwort, die Risikomanager in Banken, Versicherungen, Aufsichten und Ratingagenturen auf diese Anforderung haben.
- Die Aufsicht schreibt Banken und Versicherungen sogar per Gesetz vor, interne Stresstests durchzuführen. Doch deren Informationsgehalt darf bezweifelt

werden, zu willkürlich sind die Annahmen, die in die Tests mit eingehen. Bessere Lösungen sind indes erst in Ansätzen entwickelt.

Beitrag

Selbst die Anwendung ausgefeilter Stresstests hätte die Finanzmarktkrise vermutlich nicht verhindert - diesen Eindruck gewinnt man, bei einem aktuellen Blick in die Praxis und den Stand der Forschung. Ist Risikomanagement für extreme Szenarien vielleicht gar nicht möglich?

Die andauernde Finanzkrise, die von der US-Hypothekenkrise (Subprime) ausgelöst wurde, lässt wieder Rufe laut werden nach effektiverem Risiko-Management von Finanzdienstleistern, einer effektiveren Aufsicht und einer stärkeren Kontrolle der Ratingagenturen. Ob eine weitere Steigerung der Risiko-Management-Maßnahmen wirklich zielführend ist, daran sind indes Zweifel angebracht. Da sind zum einen die Kreditinstitute, die sich gerade von der Basel-II-Umsetzung erholen, die sich eigentlich um nichts anderes dreht, als um von der

Aufsicht (BaFin) verordnetes Risikomanagement, und zum anderen die Versicherungsunternehmen, die noch mitten in der Umsetzung von Solvency II stehen. Es kann dem Finanzdienstleistungssektor also nicht grundsätzlich mangelndes Risikobewusstsein vorgeworfen werden - und dennoch konnte es zur Subprime-Krise kommen oder zum Skandal um die Société Général. (1), (2), (6)

Größte Herausforderung für das Risikomanagement: seltene und extreme Ereignisse

Bei den genannten Beispielen handelt es sich um ungewöhnliche, seltene Ereignisse, die noch dazu ein sehr hohes Schadenpotenzial darstellen, kurz: der Alptraum des Risikomanagers. Was das mathematisch fundierte Risikomanagement über die letzten drei Jahrzehnte erreicht hat, ist die Abbildung und Steuerung von Risiken, die aus vielen, kleinen Schadenereignissen bestehen. Dies gelingt deshalb so gut, weil bei einer großen Zahl von Beobachtungen statistische Methoden sinnvoll eingesetzt werden können, um Muster zu erkennen, und vor allem um zukünftige Ereignisse von ähnlichem Ausmaß

vorherzusagen.
Statistiken funktionieren in der Praxis aber leider nicht oder nur sehr schlecht bei extremen Ereignissen. In diesen Fällen hilft weiterhin nur das "Bauchgefühl". Aber das reicht weder den Vorständen von Finanzdienstleistern, noch den Kapitalgebern, noch der Aufsicht, noch den Privatkunden, die ihre Einlagen bzw. Versicherungsverträge bei diesen Instituten haben. Um extreme Situationen zu modellieren, haben sich Risikomanager deshalb Stresstests einfallen lassen. Ein Stresstest ist eine Simulationsrechnung mit bestimmten Annahmen (Parametern), die man zu einem "Szenario" zusammenfasst. Ein Stresstest hat meist einen kurzen Betrachtungshorizont, etwa ein Monat oder ein Jahr, und zeigt, ob ein Finanzdienstleister diesen Zeitraum auch dann überleben würde, wenn bestimmte extreme Ereignisse, wie z. B. die Subprime-Krise, eintreten, die genau die Schwächen des jeweiligen Unternehmens treffen. Wenn auch die extremen Ereignisse unterschiedliche Quellen haben können (Kreditrisiko, Marktrisiko, operationelles Risiko) so wird es meist nicht die Risikokategorie selbst sein, die ein Unternehmen zu Fall bringt, sondern deren Liquiditätswirkung.

Ist es Liquidität oder Solvenz?

Dabei muss zunächst zwischen den Problemkreisen Liquidität und Solvenz unterschieden werden. Beim Liquiditätsrisiko geht es um die kurzfristige Zahlungsunfähigkeit infolge eines Liquiditätsengpasses (unerwarteter Liquiditätsabfluss); die Solvenz hingegen bezieht sich auf eine angemessen Kapitalunterlegung der eingegangenen Risiken (aus diesem Grund wurde für die Kapitalunterlegungsvorschriften auch jeweils der Wortstamm mit in die Namensgebung aufgenommen: Solvabilitätsverordnung bzw. Solvency II). Ein typisches Solvenzrisiko besteht z. B. in der rapiden Verschlechterung des Kreditportfolios, was dazu führt, dass auf einen Schlag die Kapitaldeckung nicht mehr ausreicht. Oft passiert es, dass eine Insolvenz durch einen Liquiditätsengpass erst ausgelöst wird, wenn sich eine Bank z. B. aufgrund eines andauernden Liquiditätsengpasses gezwungen sieht, ihre Kreditzusagen nicht zu verlängern und stattdessen, die gewährten Kredite zurückzufordern. Diese unerwartete Forderung würden viele Kreditnehmer ggf. nicht zeitnah bedienen können, was zu erhöhten Ausfällen, und so wiederum zu einer Verschlechterung des Kreditportfolios führen könnte. Die Folge wäre eine drohende Insolvenz. Illiquidität (kurzfristige Zahlungsunfähigkeit) bzw. die daraus möglicherweise resultierende Insolvenz (Kapitalinsuffizienz) ist es, was einen Finanzdienstleister letztlich aus dem Spiel wirft. Deshalb fokussieren Stresstests hauptsächlich hierauf.

Szenarien

Als Stress-Szenarien werden Situationen verwendet, die eine Bank in ihrer Existenz bedrohen. Diese können entweder aus der Theorie stammen (z. B. Zusammenbruch des Finanzsystems) oder von tatsächlichen Ereignissen inspiriert sein (z. B. "11. September", "Subprime-Krise", "Rating-Downgrade"). Dabei legen die Szenarien jeweils andere Schwerpunkte, manche fokussieren hauptsächlich auf den Geld- und Kapitalmarkt, andere auf den Kreditmarkt und wieder andere betreffen operationelle Risiken. Dargestellt werden solche Szenarien in Rechenmodellen, bei denen unterschiedliche Parameterwerte verwendet werden. So kann beispielsweise auch das gleiche Krisenszenario (z.B. Folgen eines Rating-Downgrades) in unterschiedlich starken Ausprägungen gestresst werden, von leichtem über mittlerem bis starkem Downgrade, mit den jeweiligen Folgen für die

Refinanzierung.

Stresstests führen oft zu willkürlichen Ergebnissen

Die Schwäche von Stresstests besteht darin, dass sie bis zu einem gewissen Punkt willkürlich gewählt sind. Das betrifft einerseits die Grundentscheidung für die Modellierung nur bestimmter Szenarien (hier definiert das Finanzinstitut quasi selbst, was es als existenzbedrohlich empfindet), und andererseits die Parameterwerte in den jeweiligen Szenarien, die in den allermeisten Fällen auf "Expertenschätzungen" beruhen. Lediglich die Berechnungen, wie lange eine Bank in einem bestimmten Szenario liquide bleibt, ist deshalb wirklich automatisiert. Das numerische Ergebnis täuscht deshalb eine Aussagekraft vor, die faktisch nicht gegeben ist. Jedes Ergebnis kann durch die Wahl leicht veränderter Parameter relativ gut manipuliert werden, d.h. beinahe jedes gewünschte Ergebnis kann erzeugt werden.
Da solche außergewöhnlichen Szenarien in vielen Fällen noch nicht einmal mit einer Eintrittswahrscheinlichkeit unterlegt werden können, bleibt deren Informationsgehalt für die Steuerung von Finanzdienstleistern fraglich. (4), (6)

Interne Stresstests vs. aufsichtliche Stresstests

Ein wichtiger Unterschied muss gemacht werden, zwischen den internen Stresstests, die ein Finanzinstitut im Rahmen der gesetzlichen "Mindestanforderungen an das Risikomanagement" (bezieht sich hier sowohl auf Banken als auch auf Versicherungen) durchführt, und der aufsichtlich verordneten branchenweiten Stresstest, die z.B. vom Gesamtverband deutscher Versicherungsunternehmen (GDV) bereits durchgeführt wurden und weiter durchgeführt werden. Bei letzteren werden verschiedene Szenarien (bisher waren es jeweils zwei: ein mittelschweres und ein sehr schweres) von der Aufsicht vorgegeben, und alle Institute in der Branche sind verpflichtet, ihre Ergebnisse an die Aufsicht zurückzumelden. Durch den Vergleich kann die Aufsicht dann Rückschlüsse ziehen, um welches Institut es schlecht und um welches es besser bestellt ist. Die Durchschnittsbetrachtung gibt schließlich jedem Institut die Möglichkeit, sich selbst im Vergleich zum Wettbewerb zu sehen. (8)
Von fraglichem Informationsgehalt sind deshalb eher

die internen Stresstests, die jedes Institut individuell gestalten kann, sofern diese nicht datengestützt sind. Und genau hierin besteht auch der Widerspruch: einerseits möchte die Aufsicht, dass jede Bank individuelle Stresstests durchführt, damit kein Herdenverhalten am Markt entsteht, andererseits sind dann die Ergebnisse solcher Stresstests überhaupt nicht miteinander vergleichbar. (4)

Fallbeispiele

UBS: Trotz Stresstest-Warnung mitten hinein in die Katastrophe

Nachdem mittlerweile bekannt geworden ist, dass auch die UBS, eine schweizer Vorzeigebank, mit Milliardenverlusten in der Subprime-Krise steckt, wurden einige pikante Details veröffentlicht. So zum Beispiel, wie wenig Beachtung die Bank ihren eigenen Stresstests schenkt. Bereits im Mai 2002 haben Spezialisten aus dem Risikomanagement Stresstests durchgeführt, die den amerikanischen Hypothekenmarkt betrafen, und kamen zu dem

Ergebnis, dass die Bank für eine solche Situation nicht ausreichend gewappnet sei. Dieses Warnsignal wurde damals jedoch nicht zur Kenntnis genommen und so schlitterte die Bank ungebremst in die Krise. (3)

Landesbank Rheinland-Pfalz (LRP): Kredit-Stresstest für Firmenkunden

Die LRP hat eine Simulationsumgebung für ein Kreditportfoliomodell umgesetzt, das für Stresstest einsetzbar ist. Durch die Verwendung von bedingten Wahrscheinlichkeitsdichten ist es anders als bei herkömmlichen Verfahren möglich, die Vernetzung der jeweils relevanten Risikotreiber beizubehalten. Den Vorteil besteht in der einfachen Anwendung und Implementierung für den Normalfall. Daneben eignen sich die Szenariobetrachtungen auch für die Einbindung in die Gesamtbanksteuerung bzw. Risikotragfähigkeit. (7)

Weiterführende Literatur

(1) Bankbetrüger offenbart sich der Polizei Société-

Général-Händler hat die Milliarden offenbar mit Dax-Wetten verloren
aus DIE WELT, 28.01.2008, Nr. 23, S. 13

(2) Gefährdete Gutschrift
aus WirtschaftsWoche NR. 004 VOM 21.01.2008 SEITE 114

(3) Der Niedergang
aus DIE ZEIT Nr.52

(4) Werden an den Finanzmärkten die Risiken falsch eingeschätzt?
aus Frankfurter Allgemeine Zeitung, 04.12.2007, Nr. 282, S. 24

(5) Märkte fürchten neue Schockwelle
aus HANDELSBLATT online 26.10.2007 06:00:00

(6) Risikomanagement - Die Wundertüten des modernen Finanzmarktes
aus Zeitschrift für das gesamte Kreditwesen 01 vom 02.01.2008 Seite 008

(7) Umsetzung von Stresstests im Firmenkundengeschäft
aus Zeitschrift für das gesamte Kreditwesen 24 vom 15.12.2007 Seite 1346

(8) Finanzstärke-Ratings und Stress-Tests
aus RATING aktuell, Heft 2/2004, S. 24-29

Impressum

Stresstests - was sagen sie wirklich aus?

Bibliografische Information der deutschen Nationalbibliothek

Die Deutsche Nationalbibliothek verzeichnet diese Publikation in der deutschen Nationalbibliografie; detaillierte bibliografische Daten sind im Internet über http://dnb.d-nb.de abrufbar.

ISBN: 978-3-7379-0471-1

© 2015 GBI-Genios Deutsche Wirtschaftsdatenbank GmbH, Freischützstraße 96, 81927 München, www.genios.de

Alle Rechte vorbehalten. Dieses Werk ist einschließlich aller seiner Teile – z.B. Texte, Tabellen und Grafiken - urheberrechtlich geschützt. Jede Verwertung außerhalb der Grenzen des Urheberrechtsgesetzes bedarf der vorherigen Zustimmung des Verlags. Dies gilt insbesondere auch für auszugsweise Nachdrucke, fotomechanische Vervielfältigungen (Fotokopie/Mikroskopie), Übersetzungen, Auswertungen durch Datenbanken oder ähnliche Einrichtungen und die Einspeicherung und Verarbeitung in elektronischen Systemen.